JN409993

西片門을 나서다

01
건지 시인선

전창옥 시집

西便門을 나서다

전북대학교출판문화원

自序

문학이라는 끌 수 없었던 등불 하나 허공에 높게 매달아 놓고 흘려버린 세월의 단층이 어느덧 오십 겹을 넘기게 되었습니다. 좁힐 수 없는 간격을 조바심으로 바라보며 발밑에 떨어지는 불빛 부스러기만을 주워 담으며 서성거렸지요. 적지 않았던 망설임과 조바심에 부끄러움과 질책을 뒤로 하고 당돌하게 시집 한 권을 묶어 봅니다. 많고 많은 시집의 무더기에 제 것 하나 슬쩍 끼워 넣고 모른 체 반야용선에 올라 그동안 갇혀 있었던 좁은 내 세상의 서쪽 문으로 도망쳐 나옵니다. 불기지심(不欺之心)! 이 염치없음을 이겨 낼 수 있는 당돌함이 남아 있는 창작의 열정에 맑은 마중물이 되어 주길 기대해 봅니다.

칠십 편 정도의 작품으로 이루어진 이 시집은 다섯 부분으로 엮어졌으며, 1부는 T. S. Eliot의 시론에 천착하여 썼던 작품들이고, 2부는 더불어 사는 집단과의 괴리감을 희석하고자 하는 투정이며, 3부는 곁에 오래 두고 지켜야 할 이들을 보내야만 했던 슬픔에 관한 것이고, 4부는 삶에서 떠나보내지 않고 안아 두고 싶었던 이야기이며, 마지막 5부는 귀의

한 불교의 절벽처럼 높고 두려운 계와 율을 지키지 못한 어리석음을 어줍은 회피성 변명으로 써 놓은 것입니다.

이 시집이 출간되는데 격려와 응원을 보내준 아내와 자랑스러운 두 딸, 꼼꼼하게 읽고 바로 잡아준 글 벗, 과분한 추천의 글을 주신 두 분, 특히 청아한 발문을 보내준 임규정 교수와 전영천님, 세세한 해설을 곁들여준 시인 백령, 그리고 단아한 필체로 제호를 주신 山民 이용 선생님께 진실한 마음의 감사를 드립니다.

병신년 새해입니다. 올겨울 사나운 추위가 온 천지와 제가 머무는 시골의 초가를 꽁꽁 얼리고 있습니다. 따뜻한 햇볕이 그리워지는 오후, 오늘도 어김없이 주먹눈이 내립니다. 쌓였던 눈에 새 눈이 내려 돌담의 경계는 더욱 높아가고 마당 모퉁이 돌탑 한 쌍도 눈 속에 서서 밖을 굽어보고 있습니다,

바깥세상의 정겨운 지인들이 생각납니다. 잔을 채우며 함께 밤을 보내고 싶습니다.

2016년 2월 마봉산 자락에서

전창옥

目次

작은 눈으로 경계를

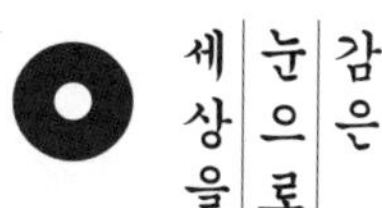

감은 눈으로 세상을

망망한 눈으로 사람을

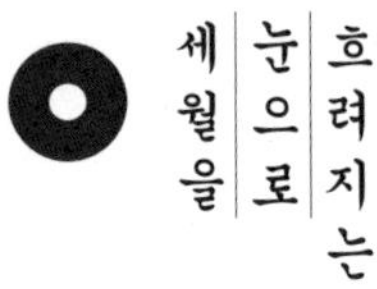

흐려지는 눈으로 세월을

붓다의 눈으로 서문 밖을

1

작은 눈으로 경제를

외줄 타기

태양의 속을 걷는다
뜨거운 빈 것의
테두리를 밟고 있다

무게중심의 갈증

출렁대는 경계의 선 아래
진저리치는 좌불들

배뇨가 그리고 가는
시원한 포물선

폭설

단정한 직선이 비루하여
사선의 종소리로
천지에 꽂혀 울린다

서걱거리는 허리
무너지는 어깨의 선

여래, 폭포수 아래 앉아
태고의 음을 듣고 있다

불꽃놀이

허기가 설탕처럼 녹는 저녁
질그릇 속 설익은 반달과
푸른 부각을 사각거리는 별들
제 무게로 고여 있는 권태와
도가니 밖으로 쏟아지는 어둠이
그 밑에 입을 벌린 장승들과
함께 우물 속으로 뛰어드는 저녁

일출

해 뜨는 팔달령 망루
웅크린 거인의 등에 솟은
저 굵고 붉은 힘줄

황하를 헤엄치던
전설의 용이 머리를 세워
물결치는 마루의 몸을 좇아
천 산의 거웃과 젖무덤을
하나둘 유린한다

은색으로 뿌려지는 빛은
만 리 길 돌로 내려 쌓이고
달아나는 구름 몇 장
보니 앉은 화석처럼 낯설다

단풍에 관하여

저기
골짜기 곳곳으로 밀려오는
파르티잔들의 진격을 보라

폭죽처럼 터지는 포화에
스스로 쓰러지는
녹색 군사들

천지는
지금
소리 없는 전투 중이다

석공

다리 잃은 사람이 있었지
걸어서 저편 언덕에 닿을 수 없어
제집 뒷마당 묶어놓은 바위 풀어
똬리 틀고 앉아 선 돛대 새기는
사람이 있었지

봄, 회문산

싸리꽃 피는 무덤 옆
울고 있는 소년

어깨 너머 울리는
무서운 천둥소리

첫사랑

열 마장 밖에서도
바늘귀를 꿰뚫었던 신궁의 화살이
오늘 당신 숨소리에 놀라
천길 멀게 과녁을 비껴갔습니다

저녁, 경기전

해 질 때면
나무들이 얘기한다
소처럼 서서

바람이
등 위에
가시로 돋아 있다

아가서

여기는 로마의 경매장
입술 석류보다 붉은 유다 여인
올리브 열매 둥근 가슴은
갈릴리 호수처럼 출렁대지만
자자刺字 지워줄 주인 찾지 못해
다리사슬 찰랑대며 짓는 한숨

공회당 종소리
솔로몬은 잠들어 있다

향연

마른 바닷길
종점 주막
군사들 비틀거리며
배에서 내린다

입욕하는 유령들
벗겨지는 하루의 허물은
녹슨 전리품

흙벽에 출렁이는
폐선의 그림자
잔 속에 침몰하고

여름, 1980

동해의 게야
기어서 나오라

검은 파도 뚫고
기어서 나오라
게야

네 두려움이
바닷속 어둠이고
네 목마름이
한낮의 백사라면

저 높은 설악 넘어
광화의 큰 문으로
게야
기어서 가자

오월 소묘

작달비가 쓸고 간 하늘
너를 불러 열 시 창밖을 본다

포플러 잎들 은어로 반짝이고
오전 기차는 달려나가
초록 곡선을 들판에 그린다

볕 바른 사잇길
이팝나무 젖은 그늘 따라
나비의 단정한 걸음

민낯의 얼굴 위에
부서지는 햇빛 조각

매춘 1

밤안개 음모를 돕는 도시
나방 등 푸르게 켜지면
거리는 흐트러지는 매스게임
낮 동안 고인 고름의
힘없는 분출 같다

갈비뼈 음각으로 또렷한
수캐 한 마리
길모퉁이에 배설하고
버짐 핀 여자
가로등에 기대어 웃고 있다

매춘 2

아침이 걸어 나오고 있다

꺾인 처용의 다리는
여섯 시 삼십 분

낯선 소나기
골목을 달려나가고
형광 차가운 관 속
편의점 창가에는 제라늄
말기 암 사내의 음낭처럼
가지에 매달려 있다

네온이 이울어가고
여인은 머리를 빗으며
얼웨이즈 썸웨어[1]
지난밤을 노래하고 있다

1. 팝 가사에서 인용(always somewhere)

2

감은 눈으로 세상을

시옷의 오용

가령, 자음 시옷 사용에 어두워
대퐁 없는 대폽집에 눌러앉아
ㅂ과 ㅇ의 어깨들 아이에서
처진 불잔 찾아 기웅거리다가
마른 사다에 깊은 아막에
연인 쏘아 올린 대퐁알로
내 문패에 배얼의 탄흔을 애겨 넣는다
라고 말한다면
나는 지금 시옷의 경련으로
ㅂ과 ㅇ사이에서 서성거리며
무수한 대포알에게 얻어터진
내 대리인의 이력에 대하여 쓰는 것이 될까
맞춤법이 적절하지는 않겠지만

따라 하기

파바로티 목젖으로
  쏘렌토로
  토리아오라
  토리아오라
조수미 핏대 세워
  그곳으로
  도라오라
  도라오라

입들이
입을 닮아 간다

비슷한 것은
거짓이라 했다

돌연한 변이

단조의 음이 끊기고
막 무섭게 두려움처럼
정말 태고의 그것처럼
세포들이 윤창을 할 때

그 마디마디
수억의 모세혈관들에
파열로 전해오는 두려움이
유전의 화살로 꽂힐 때

음이 아닌 것
시작도 없는 가락이
도돌이표 문신을 껴입고
생명의 나이테를 풀 때

우리 뒤쪽에 서 있던
낯선 나

아웃사이더

실험실용 전자저울

약혼 예물시계 88.2g
맥주 페트병 66.3g
붉은 장미 58.6g
채우지 못한 원고지 20g
불혹의 내 체중 . . .
   에러, 에러

저울의 딸꾹질

저울은 말해주지 않는다
똥자루 무게는

권주가

하루살이 이틀 살기를 위해
따르라 한 배의 술
이 밤 입술이 말라
나방은 새벽으로 취해가는구나

삼 겹의 기름으로 채운 노예의 잔
너희에게 권하노니
비워라 오늘의 황제들아
내일 없을 그 잔을

벌목

지랄 같은
저놈의 톱질 소리

나무들 귀를 막고
자작나무 흰 비명은
온 산에 비를 뿌려
스물여섯 겹 나이테
벗겨지는 속살 비늘이
박하 꽃잎으로 떨어진다

빌어먹을 가을 단풍은
자꾸 농弄하자 조르는데
지랄 같은
저놈의 톱질 소리

병동

하루의 노동을 마친 아내와 이불 하나로 눕는다
아내의 몸은 실리콘처럼 굳어 있다
청동의 동상을 데우며 푸른 새벽을 찾아가지만
퇴화하는 세포들 부서져 베개 마구리에 쌓인다
둘을 하나로 이을 수 없는 기형의 줄기세포
성가신 사랑을 서로가 지워가는 오늘의 성공

주사

평안도 마가리
쏟아지는 눈을 추어올리며
백석,
탁주를 마신다

비운 잔을
비루한 기억으로 되질하니
동공에 거미줄 엉키고
산골은 자꾸 흐려져
하늘이 낮아지고 있다

교접의 비리함과
있음이 속俗이어야 하는 이유와
숨은 다하여 차야 하는 까닭에
마음의 단층에 서 있던 어지러움이
옷을 바꿔 입어

홀로 답하여 묻고
물어 답하고

묻고,

마시어 묻고

불취불귀의 마음아[1]

저 혼자 무너져 간다

1. 허수경의 시 「불취불귀」에서 차용

장님의 눈

눈이 내린다
보지 못하는 자들과
볼 수 없는 자들의 거리에
한낮의 눈이 내린다

눈을 뜨고
바람에 벼리는 눈을 보아라
그 속에 볼 수 없던
지워진 눈들이 있으리니
감았던 눈을 떠
망막에 쏟아지는 눈을 보아라

흔들리는 껍데기 속 혼들아
청춘의 그림자로 쫓겨가는
뒷골목 웃음들아
부신 훈장의 의복들과
버둥대는 지하의 물풀들아

그리하여
광규의 도다리를 먹는 자들아[1]

나누어진 너희 눈으로
지팡이 자국 속에 갇혀
까맣게 얼어 잊히는
저 백색의 이름들을 불러보아라

닳아가는 지느러미가 버리는 눈의 비늘
그 흔적 위에 쌓여가는
저 백색의 아우성을 들어보아라

보지 못하는 자들과
볼 수 없는 자들의 갑옷 눈 속에
한낮의 눈이 펄펄 내리고 있으니

1. 김광규의 「도다리를 먹으며」에서 차용

유세차 을유년 십일월 이십삼일

– 부산 APEC 회담. 쌀 비준안 국회통과. 수능고사일 –

용리 마을 논길 위로 상여 하나 떠서 간다
상두꾼 상엿소리 만장 따라 출렁이며
용수 쓴 검은 무리 고개 숙여 따라간다

군청 앞마당에 버려진 볏섬들이
투다닥, 불 속에서 오장을 터뜨릴 때
낮술 사발로 마신 마을 이장 장 씨
숯가루 된 벼알 위에 개처럼 나뒹굴고
용대산 비탈길 천수답 복영네
소매 걷어붙이고 군수실로 돌진한다
반 실성한 칠보 댁은 게거품을 품어내고
앞마을 군대동의 농민 후계자 윤린이는
사백이십만 원 사료 빚에 제초제를 마셨다
대출받아 이자 갚고 소 팔아 줄였지만
마을 농협은 턱 빠진 아귀였다

번갯불 구급차는 찢어지라고 나발 불며
생쥐마냥 군청 문을 들랑거리고

투구 뒤집어 쓴 네로의 홍위병들은
정다산의 동상 앞에 말뚝으로 서 있다

그런데 이날 남쪽 항구도시에서는
농부 아닌 농부弄夫들이
저들 쌀 더 퍼가라 팔도를 옥죄이고
여의도 한량들은 질펀하게 판을 벌여
논과 밭을 분탕질하던 이 날
오십팔만 배곯은 우리 아이들은
삼백칠십 분 동안 이백사십 문제 답을
노적가리에 쭉정이 쌓듯
악으로 채워 넣고 있었다

저녁 태양 아래 들판이 활활 타고 있다
누군가 쥐불을 놓았나 보다
상여 행렬은 불길을 좇아 둑을 따라
늦가을 마을언덕을 넘어가 버리고
만장으로 용오름하던 껌정이들이
갈걷이 마친 논바닥에 내리고 있다

천지 유감

산길 내려와 자작나무 숲 근처
수육 냄새로 비릿한 식당에 앉아
북조선 인민공화국 수수면을 먹는다

마당 모퉁이에 엎드린 누렁이 눈처럼
멀건 면발을 넘기며 바라보는 백두는
비구름 속에 보이지 않는다

영산에 안겼음에도
설렘이 따르지 않은 것은
무수히 지나온 조선족 초가나
밍밍한 아이들 얼굴 때문만은 아니다

팔로군 청색 복장의 중국사내
뱀 길 지프를 몰아 일순에 오른 곳은
보이지 않는 금이 그어진
반쪽 웅덩이

그곳에는

웅녀도

신단수도

아사달도 없고

장빠이샨,

억센 북방식 발음과 이국의 사람들

경유차 매연만이 온 천지에 가득하여

수만 리 돌아 닿은 하늘 기슭에는

도돌이표로 울리는 낯선 경극의 음표들이

단조의 가락으로 떠다니고 있었다

떠나야만 할 시각

산은 아직 운무를 벗지 못하고

질척한 칠월의 비가 내린다

광화문 종이배

엄마 아빠
이제 그날 봄옷 벗으시고
천막 이불 걷어 버리세요
가슴에 매달린 노랑나비도 날려 보내고
따뜻한 아침과 홍차도 드세요

잊지 않겠다던 말
사월 십오일 밤
하늘에서 쏟아진 폭죽 꽃잎처럼
화려하게 터졌던 어른들의 눈물
꽃송이 던지며 종주먹 쥐던
그 어른들의 말
벌써 잊었어요 우린

엄마 아빠
이 추운 겨울이 가고
행여 우리의 봄이 다시 와
남쪽으로 찾아오신다면
서로를 놓지 않으려 움켜쥐었던

손들이 방파제에 닿아 출렁일 때
꼭꼭 잡아 펴주세요

보름 큰 달 우릴 보고 싶으시면
엄마 아빠 접어 띄운
광화문 큰 거리 파랑 배를 저어
우리 바닷길 지워버린 바다
멀리멀리 돌아
여기 하늘공원 양지쪽으로 오세요

바닷물 말라 뱃길 없이도 달리는
세종 네거리 그 종이배를 타고
그곳을 멀리 멀리 돌아
이곳으로 오세요

오늘의 세계소식은

청년 목수가 경찰에 수배되었다
죄목은 공공기관 방화
라고 아랍 신문은 보도한다

아버지가 다스리는 가자의 사람들이
짱돌 들고 일어섰다
더 많은 병원과
더 넓은 학교와 집을 세워달라고

목수의 친구들은
근육 탱탱한 흰둥이 용병들로
조용히 마을을 달랬다며
알자지라 티브이는 방영한다

유피아이는 세계에 타전한다
공부에는 가죽방귀 틀던 꼬마들이
책가방에 가득 과일을 담고서
런던으로, 파리로
뉴욕으로 날아갔다고

축제

– 브뤼겔의 '이카로스'를 보며 –

어찌하여 말벌들이 창을 겨누고
산돼지들 짱돌 들고 달려드는지
낙타가 병실에 방귀를 틀어대고
방울뱀이 장딴지에 기어오르는지
왜 고라니는 대로 위 박제가 되고
뒷골목 보양원 마당에서 고양이들은
늘씬하게 가죽이 벗겨져야 하는지
거북은 구멍 뚫린 현무암 덩이로
신선로 속에서 사지를 벌리고
수십의 가축이 그 날을 위해
시퍼런 전기에 찔려 도살되는지
펄 웅덩이에 풀어놓은 송어 잡으러
분탕질하는 저 환장한 자들을 보면
알 수 있다
제 가슴 털 죄다 뽑아 알을 품는
동강 절벽의 어미 비오리를
피 쏟아 여덟 새끼 낳고 쓰러져
젖꼭지 내주고 죽어가는 짐승을 보고
명치 끝 먹먹해 본 적 있었다면

신오적新五賊

– 환관에 대하여 –

계사년 눈오던날 청와동에 경사났네
어사화 너울너울 사또영감 부임허니
똥오좀 못개리던 구실아치 기고만장
제비덜 신바람에 사모관대 대려입고
권총차고 갑옷둘러 진시황 쫄병되니
주둥아리 못질했던 조무래기 아전덜
꽁무니 졸래졸래 애미좇는 병아리덜
입꾸맨 실밥풀고 즈덜날이 온것맹키
저잣거리 삼겹살에 등청휘장 키놓코
나발불고 퍼마시며 기거품 쏟아내네
종묘나무 물구나무 만백성 배은망덕
사직은 벽바래기 관헌지둥 썪은것이
이것저것 놈탓이라 덩달아 입질허네
복지부동 아치덜 게으름아 게섰거라
모과껍닥 닭모가지 개줄끈 달랑메고
가제비 곁눈질로 지상전을 흠모하여
비비는 손목댕이 지문닳아 없어졌네
애비팔아 은전받은 유다가 효자일세
세상의 도적놈이 어이하야 잡놈인가

훔친물건 내다팔아 지새끼 믹인다고
고것이 꺽정인가 어찌하야 길똥인가
오뉴월 뙤약볕에 바샥마른 쇠똥맹키
몰골은 무시꽁댕 토색질밥 히처먹듯
가렴주구 금은보화 넘치는 상전곳간
주식증권 쌓두고 사타구니 거문고라
갑오년 병갑이놈 고부옥토 도륙허고
을사년 도깨비덜 조선강산 갈아엎어
아우라 김질이는 수양놈의 씨앗이라
충신열녀 넘친고을 인자는 껍데기고
옳은것 줓도없는 내시들이 주인일세
모두가 두리뭉실 붕어빵집 판박인디
여시닮은 기생년 뒷궁뎅이 더듬음서
분탕질 비역질로 온대낮을 희롱허다
금테두른 생쥐사또 동헌에 출두허니
약먹은 오리마냥 뒤뚱뒤뚱 천방지축
손바닥 아궁이불 생살타는 까죽냄새
천지에 풍각쟁이 꼬랑지는 살랑살랑
성은은 여름가뭄 오매불망 소낙비요
곤룡포가 아른아른 여그가 도원일세
즈나이 육십줄에 무신여한 남아있어
자식덜 장성헌디 또무엇이 대견허리

지속팔아 얻은영화 바람속 먼지인디
피문어 마빡닮은 스라소니 수염화상
앞질러 뒤다투니 구정물만 가득허네
아니지라 아니지라 요것이 아니지라
먹구름 두터워서 신명월을 가린다고
온밤비춘 그믐달이 새벽에 쫓겨가니
천지광명 세상에 미물조차 숨을건가
설탕으로 두른거짓 해뜨면 녹아내려
하늘알고 땅알고 니가알고 내가알고
낙숫물 바우뚫고 바우갈아 세침되니
단약의 황홀함은 이무기의 몽상이라
세상사 사필귀정 염량세태 득없으니
곡학아세 단칼질 백이숙제 내것삼아
바로보고 고쳐앉아 자손덜 거울되세

3

망망한 눈으로 사람을

동짓달 스무이튿날

아버지 가신 밤
거지들 모여 울었다

꽃기린

– 어머니의 죽음을 기리며 –

I

빨간 다섯 뿔이 단정한 기린 한 마리
집안을 사뿐히 걸어 다닌다
아마 봄이 한창인 오월이었을 게다
감꽃 하얗게 핀 나무 밑에서 누나는
마지막 수제비를 끓이고 짐꾼 한 명과
들랑날랑 집을 비우고 있었다
팔려가는 것이 싫어 뒷걸음치던 황구
만삭 기동이를 남기고 다섯 식구는
햇볕 가득했던 마당 넓은 집을 떠나
딱지만 한 방 두 개에 짐을 부렸다
타다 남은 연탄까지 수레에 싣고
해 넘어 오르던 용머리 고개
꼽추 등 수레 위에서 영덕게 발처럼
하늘을 헤엄치던 기다린 목이
무거워 꺾이고 젖혀질 때마다
엄니는 기동이 매어두던 나이론 줄을
네발에 단단히 묶고 거머리마냥 따라갔다

II

석류나무 검푸른 낮은 함석집
봄 가을 여름 장독대에 서성대다
송편 같은 눈송이 날리면
사내아이들 방 윗목에 터를 잡고
가지런히 발 모으고 귀를 기울였다
어느 여름밤, 함장이 쇳소리로
잠겼던 파란 대문 열리고
탱자 곱게 익던 계절에 이마 고운
자식 하나 들여와 허리 펴던 밤도 보았고
밤톨 머리 떨구고 눈물 흘리며
삼 년 집 떠난다는 아들 녀석 걱정에
밤으로 가슴 앓던 소리도 들었다
흰 눈 쌓여 맑았던 설
달 밝아 서글펐던 추석을 보내며
죽순처럼 커가는 몸 비좁던 방에서
우리는 더벅머리 비틀스와 기타에 묻혀
배고픔을 잊고 산에 올랐다

III

밤하늘 불꽃 흩어지듯 다섯 아이 짝을 찾고
밥그릇 구색 맞추어 고향을 뜰 때

엄니는 우리가 덮던 이불을 빨아 햇볕에 널고
기린 화분 곁에서 종일 라디오를 들었다
새벽바람 안개에 달아나듯 세월이 가며
밥상에는 손주들 숟가락이 하나씩 더 놓이고
우리 머리통이 커져 식솔들 배 굴리며
비행기로 배로 낯선 땅 기웃거릴 때
기린의 빨간 뿔은 작아지고 목은 길어만 갔다
취기에 잠시 들러 홀로 계시던 쪽방에 앉아
가슴 멍들게 했던 못난 흰소리 깔아대고
주머니 속 구겨진 지폐 몇 장 코앞에 던진 나를
눈 내리는 골목길에 서서 끝내 배웅하시던 엄니
다섯 손가락 하나씩 접고 펴며 자식들 내세울 때
우리는 적금부어 집 늘리고
할부로 차 마련해 서로를 멀리했다
기린에 물 주는 것 잊으며 손주들 짝을 찾고
옛날을 잃어가며 울타리를 높여 갔다

IV

누가 이를 알았을까
기린이 여름의 초원을 맘껏 달리고 있을 때
엄니는 아무 말씀도 없이 우리를 놓으셨다
아무도 그 누구도 모르게 홀로

사흘을 주무시고 세상을 버리셨다

V

빨간 다섯 뿔이 단정한 기린 한 마리
집안을 사뿐히 걸어 다닌다
목이 길어 눕지 못하고
천적의 일격에 살아남기 위해
평생을 서서 잠자야 하는 슬픔 때문에
엄니는 다듬이 위에 서서 당신을 버리고
사십팔 년을 애오라지 이 꽃을 지켜왔던가
울 수 없어 눈 귀가 더 밝다는 들판의 기린은
이십오 년을 말없이 산다 하고
울타리 안의 그는 십년이 더 길다고 하나
다리 접고 꽃 굽어보는 여든셋 저 기린은
붉은 석양에 더더욱 고고하다

봄날, 묘지

천 일이 가버렸지 당신이 떠나신 후

돌비석 먼지로 무너져 사라지는 것
찰나라고 하지만
내 안에 내린 망자의 독은
올봄도 자라 향을 뿌립니다

들쑥 솟은 거친 봉분 위에
민들레 머리 풀어 울고
형제들은 벌써 들길을 지나
이승의 배를 타고 떠나가네요

저녁 바람 천지에 일어
복사꽃 비로 쏟아지는데
황사 서걱대는 강변
홀로 남아 잔을 비웁니다

합장

마흔두 번의 겨울 동안 홀로
동토에 묻혀 있던 아버지의 유골이
붉은 질그릇 단지로 돌아온 그날
어머니의 묘지에선 종일 여름비가 내렸고
반쪽 혼들은 나란히 누워 긴 잠에 들었다

누이를 보며

병실 철쭉꽃 석양에 더욱 붉고
저녁 바람 숲에 일어 나비들 소란하다
동쪽 하늘 이른 별들 배꽃으로 피어나
늦은 봄 네 집 연못 눈송이로 가득하네
마흔아홉의 눈썹은 초록보다 푸르고
단정한 목소리 범종으로 울리는데
달려드는 병마를 얇은 가슴으로 막아내어
소진한 두 눈은 원정怨情으로 흐렸구나
돌아보면 한세상 시린 일 얼마였을까
가눌 수 없는 눈물에 천지는 어두워
고개 돌려 잔을 들어 수없이 비워보네

누이를 두고

구름 싸인 연화봉 중턱에 너를 두고
저녁 비 쏟아지는 저문 산길 내려간다
탁한 계곡 물 급히 불어 사납고
들판의 벼 이삭들 물안개로 무거운데
계절마다 드나들던 시댁 울타리 곁
미수의 어머니 손잡고 놓지 않네
삼일 장맛비는 끊지 못한 인연으로
두 아들 어깨 위로 모질게 내리는데
유골단지 온기 남은 손가락 비벼대며
멀리 버린 널 고개 돌려 다시 본다

누이의 집에서

눈이 내린다
허물어진 돌담 위로

깊은 우물 속
몰래 감추어 둔
네 그림자 안아
마루 위에 펴면
한 올 한 올
네가 일어서고
단정한 목소리
귓속에서 찰랑거린다

이야기 쌓여가는
빈집 마당

저녁, 묘지

티끌로 하루가 내리고
적군처럼 모여드는 어둠
감자꽃 시들어가는
무덤 옆에 앉아
흩어지는 빛을 붙들어
발목에 매어놓는다

딱 너를 닮은 검은 하늘과
그 건너에서 오그라드는 태양
묘비의 오금을 갉는 이끼 위로
몇 마리 나방들
모딜리아니 초상화로 앉아있다

어느 발인제에서

스님의 염은 끝났는데
어린 상주 제를 몰라
쓰러져 다시 절하더니
거북처럼 엎드려 우네

주저앉은 어깨
뒤집어 신은 양말
속울음 그칠 줄 모르는데
운구차 새벽을 재촉하네

과촌 회문산

들꽃 서리에 떨던 무등 길도
그림자에 쫓기던 세석의 밤도
이러지 않았다

철쭉 터지는 산자락
싸리꽃 하얀 과촌
저 돌무덤 밭

주막 기둥에 기대어
한낮을 비울 때까지
이러지 않았다

4

흐려지는
눈으로
세월을

심심한 춘화

쓰잘머리 없이 보네
꽃치마 속 엉덩이를

벗겨 놓은 흰 봉우리에
터질 듯 핀 몽고반점

삶은 계란 속
봄의 사체 뒤지듯

쓰잘머리 없이 더듬네
사타구니 살을

개화

서럽더냐 나비들아
고치 속 반년의 벙어리 세월
천둥에 떨고 서리에 놀라
봄의 문밖 장승으로 서 있었더냐

초경 앓는 나비들아
지난 겨울 내린 포슬눈이
어미 찾던 더듬이를 덮어
그믐 밤길 장님만큼 슬펐더냐

그리하면 이제 울어라
목젖에 드리운 덧문을 거두어
새벽 인경각 북소리 맑으니

터지는 입술
그림자로 서 있던 소녀들아
살찐 옷고름 풀어버리고
공작의 젖가슴을 열어라

소름이 칼날로 서 있는
이 섬뜩한 봄날
알몸같이 사내들을 위해
붉은 춘향아
옥문의 빗장을 열어라

월하정인月下情人[1]

밤은 익어 어느덧 이경
돌담 넘어 부는 봄바람에
아씨의 쓰개치마 한껏 부풀어
화장 고치고 주렴 걷어
규방 마루로 나오니

서탁 앞에서 졸고 있던
콧날 또렷한 선비
일어나 등롱을 켜 들고
달빛 하얀 앵속 꽃밭 이랑을
가랑이 적시며 헤집고 있다

1. 신윤복의 풍속도 이름에서 인용

우륵의 첩

은빛 술잔 하나 호롱불 앞에 놓고
마술 램프로 불러낸 거인에게
여인은 다섯 줄의 쟁을 내준다

내려 쌓이는 가야국의 가락
거인의 손은 상아보다 하얗고
현 위로 나르는 손가락은
바닷속 해초 같다

가슴은 탄주의 기교로 출렁거려
두런두런 커지는 환청
홀로 떠 있는 정원의 달과
규방의 양귀비 향에 머리 풀어
여인은 쫑긋이 앉아 분을 바르고
아미를 짙게 하여 거울을 본다

거인은 술잔을 비워 권하며
마지막 상기물을 뜯고
뒷머리 높인 여인은 그에 기대어

자색 노리개로 무릎을 희롱한다

쏟아지는 별과 날리는 꽃잎

파초선 펼치고 버선발 모아
풀린 옷고름 고쳐 매어보지만
비단창에 비치는 매화는 붉어
바람보다 빠르게 그들은 취해간다

열두 줄의 진혼곡

악마가 떠나면 천사도 죽는다고[1]
이미 백 년 전
잃어버린 오선지와
주머니 가득했던 청동조각 음표들로
절름발이 쉬르레알리즘과
그보다는 조금 인간적인
레퀴엠을 연주하는 공연장에서
악마가 죽으면 천사도 떠난다고
한 모금의 빛이 직선으로 떨어지는
스테인드글라스 창틈 사이로
보았다 우리는
건반 위 포레의 손가락을

1. 테네시 윌리엄스의 말에서 인용

폼페이 최후의 밤

천 년 나이의 사이프러스 밑
흑인 소녀의 대리석상이
우물 속에 주저앉아
푸른 거울로 떠있다

격자무늬 거리는
폐허의 도시를 가두어 놓고
베수비오 동산은
얼어있는 달처럼 차갑다

발끝에 찰랑거리는
수메리아 상인의 은동전 몇 닢
내리치는 회색 비를 맞으며
이방인들 바다로 나아간다

아이를 품은 만삭의 지중해
거친 생명의 숨소리
두근거리는 섬으로
새벽까지 밀려오고

로마의 비밀

판테온 신전 계단에 앉아
더 깰 수 없는 스파게티 파편을 쪼갠다
그대는 회랑 저편에 서서
수천의 색실을 엮어 귀족의 술잔을 빚고

빛조차 가둘 수 없는
욕조의 붉은 수정 창살
노예들 초록의 날개를 벗어
황제의 침실을 덮고
밤은 사이프러스처럼 곧다

롬,
더 가까워질 수 없는 그대는
끙끙대는 동상
터지는 분수의 치찰음
더는 쪼갤 수 없는
아편의 파편

두산길 27-3

태고의 원점에 앉아 있습니다
뒤란의 텃밭에 비는 쏟아지고
어떤 인연으로 이곳에 앉아
반짝이는 장독대의 옹기들과
돌담에 핀 흰 들꽃과
광속의 낫과 호밋자루와
마당에 자란 잡초까지
수십 년 품었던 당신의 흔적들을
한나절 품팔이로 버리고 지워버린
나의 어리석음이 부끄러워
지친 세월에 쓰러진 탑을 쌓으며
늦은 장맛비 무겁게 내리는
여기 무너진 옛날의 벌판에서
다시 올 것 같은 당신을 기다리며
두산마을의 밤을 맞고 있습니다

위도 진리의 어촌에서

물뱀처럼 바다를 가르고 나간
형의 어선을 기다리며
아이는 저녁 포구에 서서
연을 날린다

바람에 풀린 연이
뒷산 봉분 위를 돌다
긴 꼬리 버리고
포구 먼 바다로 떠서 가버리면
부두에 홀로 선 검정 삼각기

어두워지는 물바다에
돌아오지 않는 배를 기다리며
주막 유리창 불이 켜지고
부두에 길어지는 전신주 그림자

불어난 갯벌이 머리를 풀어
망월봉 깊은 늪을 덮어오면
젖은 연실 거친 손에 감으며

아이는 집으로 돌아간다

기울어진 목선
집어등 아래 유령으로 일어서면
바다는 급히 밤을 불러
빈 포구를 닫는다

포구별리

바람이 일어서다

새들은 놀라 포구를 뜨고
동력선 바다에 머리를 풀면
부두에 소란한 발소리

보름달 가득한 바다
용수를 쓰니
마음은 빈 집

밤, 빗발처럼 내리다

전화

귀에 서럽던 이름들
뚜 하고 떠나고

마른 단음절
기다렸던 경계에서
뚜우 하고
끊어지는 실루엣으로
무선 사이로 떨어지면

뚝 하고 꺾기는
두 무릎

기다리는 여자

여자는
차도 위에 박제된 고양이를 보며
수족관 속 떠다니는 사체를 보며
거미줄에 걸린 나비를 보며
청양고추를 씹으며
몸통 잘린 머리에 남아
껌벅이는 도미의 눈알을 보며
겨자 범벅한 회 한 점을 들고
입에 소주병을 붓고 있다

그 여자의 남자는 계단을 오르려
오른발을 내다 들이고
왼발을 내밀어 망설이다
다시 발을 감추고
오른발을 내디딘다

창에 부딪히는 바람을 보며
바람에 찢기는 깃발을 보며
여자는

방석 위에 널브러진 화투조각을
엄지발가락으로 문지르며
근육이 드러난 남자의 아래로
낙지가 되어 매달리고 싶어한다

권태

햇볕이 풀무질로 분수를 끓여 뿌리고
예배당 양철지붕에 오그라든 칠월 장미
장님은 다섯 다리로 동상을 비켜가고
보도의 팔각 점판암 검은 등이 뜨겁다
정오의 공원은 시우쇠로 달구어져
기울어진 파라솔 밑 노인은 졸고
열풍이 비닐 더미를 헤집어 출렁이더니
깊은 가죽의자에 책상다리로 앉아있다
밀랍으로 녹은 도로에 갇힌 자동차들
게걸음으로 도망치는 새끼 도마뱀
새는 섬돌 위의 제 그림자를 쪼고
해초처럼 늘어진 가로수 가지들이
부서진 포장마차 지붕 위에 얹혀있다

흔적의 허물

오래 전부터
내 몸을 허물로 벗어 놓은
물건들에 대하여 생각해 본 적이 있었다

위로부터
벗어놓은 머리통 모양의 빵떡 모자와
원숭이 입술을 찍어낸 마스크와
명치끝에 매달린 개 줄 목걸이와
심장과 밥통을 담고 있는 윗도리
실밥 터져 장지 불거진 오른쪽 장갑과
약지에 묵형을 남기고 달아난 반지와
쇠사슬 문신을 찍어준 손목시계와
똥배 조이고 풀어진 가죽 혁대와
두 무릎 튀어나와 나자빠진 바지와
아직 겨우살이로 붙어있는 속옷과
그 밑에 비늘처럼 떨어져있는 양말
두 굽이 밖으로 닳은 구두 따위를

그렇다면 거꾸로
이 곱상한 물건들의 허물로 벗겨진
죽은 후 내 몸도 그대로 남아있을까
라고 생각해 본 적도 있었다

세월은 가고 옛날은

장맛비 내리는 오후
부추전 찢어 탁주를 마시며 사진첩을 넘긴다
여름 바닷가 수영복 속에 솟은 봉긋한 가슴
우체국 탱자나무 울타리 열매 노랗게 익은 가을
판탈롱 친구들과 귀 찢어지라 웃는 동백섬 돌계단
아내 닮은 낯선 사람들이 물고기처럼 팔팔하다
그런데, 사랑한다고 사랑한다고
늘어진 뽕짝 가락 대폿집 흙벽에 도배질하던 처자
들러리 앞세우고 부케 던지던 내 옆구리 신부가
첫아이 잠들면 둘째 젖 물려 아지랑이처럼 졸던 엄마가
폐경이란다
저만치 티브이 앞에 앉아 졸고 있는
아내의 발꿈치 각질을 보며
목구멍에 올라오는 뜨끈한 것을 누르려 잔을 비운다

쿠데타

새로 구독한 신문을 읽는 요즘 아침은 엿 씹는 기분이야
정치알사회알을 미주알고주알 까발리고
치솟는 코스피로 증권사 돈 코피 쏟았다는
요놈의 선달 발싸개 같은 기사보다는
이전 신문의 이십삼 면 한 구석은 그대로 짱이었어
그런데, 어느 날 마누라
육 개월 공짜 구독과 삼만 원 상품권에 홀려
확, 신문을 바꿔버렸어
그 덕에
아침마다 변기에 올라타 읽던 시 한 편의 느긋함은
배설물과 함께 똥통으로 처박혀버린 거야

이런 우울

번호를 잘못 읽고 탄 버스
남문의 재래시장에서
덜컥 내려 버렸다

두 겹이던 글자들이
요즘은 경계를 잃고 흐물거려
배율 두 배의 돋보기가 아니면
뜨물 위 뉘처럼 떠서 다니는데
불덩이 토하게 하는 것은
그것만이 아니어서
구청 직원이 묻는 집 주소에
손은 뒷머리에 가 있고
낮은 군불을 땐 구들장이 된다
혼쭐날 일이겠지만
아내의 생일도 순간 까맣다

신발의 뒤축은 한쪽으로 닳아
걸음걸이는 오리마냥 기울고
두 무릎 튀어나온 바지는

싸전다리 밑에서 뭉갠 하루의
헐렁한 나의 데스 마스크

창 사이로 불어오는 건들바람에
털 빠진 정수리 시려
딸아이 볼캡 쓰고 앉아
가요무대 옹알대고
똥배 아래로 마냥 벗겨지는 혁대
추켜올려 배꼽에 붙잡아 매어 놓는
육십갑자로 돌아온 나에게

좌판 얼음 속 꼴뚜기들이
그 끓는 속내 알겠노라고
너도 꼴뚜기지 하며 [1]
너스레 눈을 흘기는 것 같아
괘씸하고 불쾌하기도 하여
족발집 구석에 박혀
두 잔을 이어 털어 넣는다

1. 최승호의 시 「북어」에서 차용함

탈모에 대하여

한때는 머리 감는 일이 즐거웠어
레몬 향기 상큼한 럭키비누로
박 같은 구름 만들면
머리칼 한 올 한 올은
쏟아지는 햇빛에 토옥 톡,
여름 바람에 거품으로 간지러웠지

한때는 이 몸도
아모레 프로틴 샴푸 모델을
동짓달 게눈으로 흘겨보고
미제 발모 크림 두르고 사는
주변머리 없는 친구들을
소 닭 보듯 했어

근데 정말 근간에
머리 감는 일이 성가신 짓이 되어
도대체 할 짓이 아닌 것은
시나브로 빠지는 털의 싹수보다는
오십견 달고 사는 두 팔로

비벼서 닦고 뒤집어 말리는 일과
라면 발 머리칼로 막힌 개수대와 맞붙는
내키지 않는 싸움질이야

하물며
수세미 수염으로 붙어있는
머리칼 몇 개가 든든하여
잔손질로 키질하는 뒤통수에 대고
당신도 한때는 하며
아내가 던지는 눈 회초리 맛은
복날 불쾌한 구탕보다 더 싫은 것이다

도토리 키를 재다

모세의 사십 일 기도가 대단하다고
라마단의 금식기도가
아니었어
나 오늘 보았지 진짜 고행을

혼자 사는 여든일곱 창복이 할머니
하이마트 겨울 벼락세일 사흘 동안
매일 일등으로 줄서서 이불 석 장을 사온건데
(한 사람당 한 개씩만 팔았으니)
그 시간에 더 놀랐어
새벽 다섯 시 이십 분 첫 마을버스를 탔던 거야
계량기 얼어 터지던 엄동 삼일을
할인점 문을 여는 오전 열 시까지
대리석 계단에 쪼그리고 앉아 기다리셨나 봐
핏덩이 새끼 흑염소 살려보자고
어미가 초산으로 세 마리를 낳았는데
두 마리가 한꺼번에 얼어 죽은 거야
결국 어미와 남은 새끼도 따라 갔고
성한 것은 할머니의 폐렴 발작뿐이었어

근데, 그날 우연히 티브이에서 보았어
조류보호단체가 돌보던 야생 황새를
산둥반도 쪽으로 날려 보냈는데
백여 시간 동안 두 나라 바다 위를 날아
일본의 한 섬에 내려앉았다는 거야
시속 이십삼 킬로미터로 비행했다는데
어디 물 한 모금 마셨겠어

임금협상 고공시위가 굉장하다고
환경론자들 오체투지가, 아니야
창복이 할머니나 황새는 그런 것 몰라
툭하면 걷다 쓰러지는 삼보일배도
몰래 빵 씹는 여의도식 단식도
아니었어 진짜 고행은

목소리 나무

내 듣고 싶은 곳에 그대 항상 있지 않아
목소리 열매 열린다는 나무 하나 심었지요
몇 해 이야기로 물을 주어 키웠더니
천둥 요란했던 여름, 입술 모양의 열매가 열려
태고의 천지 음이 들린다는 만년 돌탑 옆
스물네 개 그 열매를 따서 한층 한층 쌓았죠
가지들이 흰 눈썹을 얹고 있던 그해 겨울
목소리가 꼬물거리며 껍질을 벗었어요
몇 차례 내 귀가 넝쿨로 자라 담장을 넘고
서리가 그 붉은 잎들 위에 음표를 그린 뒤
스물넷 소리가 빚어내는 단아한 윤창을
그대 목소리로 들을 수 있었죠

오래된 고백

선인장 가시 같은 눈이 저녁 산에 내립니다
흙마루의 붉은 목서꽃이 기린의 목을 높여
편백숲 따라 내려가는 당신을 굽어봅니다
빈 마음의 헤진 겨울옷을 촘촘 꿰매 입고
내 안에 당신을 불러 이른 등을 켜놓습니다

삼십 년
당신의 손을 잡고 오르던 산길
나는 내내 모퉁이에 서서 봉우리만을 바라보며
사람 닮은 인형으로 어정거렸지요
그러는 동안 당신에게 유령으로 날아든
작은 씨앗 하나가 검은 싹을 피워
하나둘 세포를 멍들게 했고
홀로 나만이 황홀한 연꽃이라던 내 속내는
당신에게 하루도 아름다운 적이 없었기에
당신은 동굴 속 벙어리로 앉아
뼈 굽이굽이 얼음 벽돌을 쌓아가고 있었습니다

가야 할 곳 모르고 걸어가듯
매일을 욕심으로 살아온 세월
당신은 조바심에 한 뼘씩 키를 낮추었고
한순간 가슴에 닿는 차가운 눈발에
이제 그만 나를 가라앉히라 했으나
멈추지 못하고 둥지만을 넓혀왔지요

늙은 자에게 옆자리 반을 내주고
두 다리 내밀어 그에게 답하였던
붓다의 깊은 마음속 거울을
이 밤 따가운 눈이 당신이 걸어간 길을
하얗게 지워버린 지금에야
차마 꺼내어 게을리 닦습니다

뺨을 때려봅니다
문득 당신이 황토벽에 거인으로 서 있습니다

높았던 내 산의 그림자는
내려가는 당신의 발끝에서 그만큼씩 낮아지고
당신이 허물로 남긴 산길은 흐려져
깊어진 눈 바다는 빠른 밀물로 밀려옵니다

책갈피 당신

언제부터 나는 당신의 그늘에 숨어
초록으로 자라는 아이였어요
하늘이 낮아지고 구름이 두꺼워져
갈 길 어두워지던 밤이 되면
당신 손가락이 가리켜 준 새벽은
하루하루가 쌓여 벌써 내 한 평생
찾지 못해 두리번거렸던 골목에서
엷어지는 기억의 페이지마다
긴 밤 지나고 잠을 깰 때면
당신의 곧게 편 싱싱한 손은
아이가 쉬고 싶은 그늘 그곳을
언제나 단정하게 가리키고 있었지요

천년의 연서

내가 당신의 내일로 돌아가 편지를 쓴다면
어줍은 몇 마디 말들이 부끄러워
당신의 빛나는 궁 안에 갇혀
만 길 토굴의 석상으로 남겠어요

당신은 잠긴 토굴 문을 조용히 두드리며
내가 당신까지 잊고 잠든 후에야
밝게 램프를 켜고 빛으로 다가와
사랑을 지나쳐왔다고 말하겠지요

당신의 더 먼 내일로 돌아가 편지를 쓴다면
나는 붉은 해의 이마에 고개 숙여
바다의 숲에서 침잠되는
한 뼘의 섬으로 떠 있을 거예요

당신은 젖은 물잠자리로 다가와
작아지는 섬을 무릎 위에 앉혀놓고
물결이 지나간 후에야
사랑을 지나쳐왔다고 말하겠지요

그럼 난 아무것도 모른 채 오늘로 돌아와
당신의 열린 궁 안을 다시 기웃거리며
아직은 남아있는 이전 생을 불러
부르튼 손가락으로 다시 쓰겠어요

지나쳐 가버린 사랑이
내 천년의 시간은 아니었음을

융플라우요흐의 눈

사랑을 끝내고 난 우리를 태우고
열차는 가파른 알프스를 오른다
끝이 없는 말의 타래를 감듯
도무지 나타나지 않는 봉우리의 끝
객실 저편
당신은 나목처럼 졸고 있고
내 마음속 침엽수는 차갑게 얼어 있다

지난밤 하늘에서 쏟아진 별들을 받으며
당신은 포근한 입술의 포진으로
설산의 꼭대기에 관하여
역단층에 대하여
녹지 않는 빙하의 역사를 말하며
전설의 품으로 떠나갔다

세상의 모든 경계가 허물어지듯
남아있던 애증까지 흩어져
당신은 내 눈 속에 하얀 눈으로 내리고
나 또한 당신 눈 위에 눈으로 내려

이윽고 흘리던 눈물마저 마른 우리에게
기차는 지난날 몇 송이 뿌려대며
만년설 차가운 긴 터널로 들어간다

어제를 버린 것은 눈이었다
천만세월 내려 쌓인 당신의 눈이었다

십이월 급여명세서

승암산 동쪽 하늘이 밝아오고
자명종이 요란한 기침을 합니다
점멸등이 슬어놓은 이른 길을 달려
서른다섯의 눈곱을 세고
이십 년 닳은 내 묵형의 약호
'영창'을 출석부에 적습니다
　모럴, 저스티스, 이퀄리티
입들은 이국의 단어들을 말하고
창밖에는 낯선 눈이 내립니다

오늘의 한겨레를 책상 위에 펴고
아내의 도시락을 열어 봅니다
열여섯 소녀의 자해 이야기
치솟는 주가의 꺾은선 그래프
강남의 아파트 매물 가격은
바닷속 궁전의 신화
매일 파보는 사막의 우물은
신기루로 사라지고 말아요

은행나무 낮게 오후 해가 지고
아이들이 놀다간 운동장
패왕은 빈 계단에 앉아
낯선 우희와 마주합니다
저녁 새들은 날아가 버리고
퇴근을 알리는 디지털 멜로디
드보르자크 신세계로 차를 몰지요

안녕, 노랑 벽돌 길아
존과 플랙이 함께 노래하네요
진눈깨비 패총으로 쌓이고
네온이 은가루를 도시에 뿌리면
탁주 한 사발
하루를 알라딘의 램프로 닦고
왕자는 나비의 궁으로 날아갑니다
집들이 어항 속 물풀로 흔들리네요

안녕, 벽돌 길아
떨어진 잎들이 진짜 입처럼 중얼거려요
늦은 십이월 어느 날이겠네요

5

붓다의 눈으로 서문 밖을

반야용선[1]

보제루 사월의 계단
어깨 버리고
내 사람 가네

소슬비 쓸고 간 바람
벚꽃잎 배를 띄워
물결 따라 젓는 손

한 계단 더 올라
붙잡는 그림자는
내 사랑의 신기루

기운 탑에 기대는 노을
부챗살 머리 풀면
마음은 목어

저녁연기 잿빛 수의로
홀로선 석등을 휘감고
낮은 풍령 소리

절집 사월의 계단
어깨 버리고
내 사람 가네

1. 般若龍船: 생사의 고해에서 벗어난 피안의 극락으로 데려다준다는 배.

만행[1]

비 갠 저녁
바람 불어 길을 나선다
석양이 구름 사이로
홍자 빛 화살을 뿌려놓고
자운영 가득한 들을 떠나면
하늘은 별이 가득한 술상
우주는 손안에 찰랑거리는
작은 술잔 속의 섬
손톱만 한 배로 떠 있다

풍뎅이 거두는 이른 달빛
돌고 돌아 어지러운 길에
만 년을 견뎌낸다는 돌탑
사람 비슷한 사람이 산다는 혹성을
광년의 속도로 다녀오고
우리 닮은 타인이던 우리가
줄기세포로 제작되는 세상에
항시 섬의 무늬로만 어정대는
파도 같은 존재는

얼마나 어설픈 것이냐

들꽃 따라 걷다
혼자되어 한 잔
마음은 몸을 떠나
그림자 무거워 한 잔
사바는 붉은 첨탑 아래 취해 있고
여래는 여인으로 멀리 서 있다

1. 萬行: 최고의 보리(無上菩提)에 이르기 위한 모든 행위를 뜻하는 것으로 안거(安居)가 끝나고 3개월 동안 수업(修業)할 일체의 행법(行法).

탁발

상앗빛 설산을 넘어
조사는 빛이 닿지 않는 곳
해동의 사막으로 걸어오고 있다

바람이 사구에 주름을 쌓고
막고굴 목 없는 토불
조사는 낡은 풍탁으로
석상들을 일으킨다

그을린 둔황의 언저리
전갈이 기어오르는 흙탑은
먼지로 내려 쌓여
들어 알 수 없는 낯선 말
한 자루 귀에 주워 담으며

조사는 걷고 있다
천축국 푸른 다향을
바랑에 꼬옥 꼭 잠가 두고
낙타는 홀쭉한 혹을 흔들며

발 앞의 모래를 되질한다

주저앉은 좌불은 고개를 떨구고
그림자 없는 잣나무 아래
조사는 구겨진 패엽경을 펼친다

불일폭포

불일암 마당 작은 못 속에서
멀리 우주에서 쏟아지는
은하수를 보았다

천만 년 물 위에 물이 쌓여
화석으로 누워있는 겁의 세계에
내려치는 찰나의 뇌문

노랑 파랑
두 마리 딱정벌레가
사바에 수를 놓고 있었다

개 벽

백겁 빙벽 속 나비가 깨어나고
싹은 씨앗을 벗어 꽃으로 폈다

어둠의 허물은 천의를 입어
온 새벽은 대지가 되고
빛은 바다로 흘러갔다

그날 나비는 삼매의 기쁨을
부리에 물고 차안을 넘어
미타의 품으로 날아갔다

대적광전 기둥

비로자나불은 알고 계실까
내가 오대산 전나무밭에 몸 박고 서 있다가
때 오면 저잣거리 주막 기둥으로 가 버릴 것을
그래서 주춧돌 위에 꼼짝 못하게 세워놓고
법당 안 당신의 수인에 종일 눈길 꽂고서
천년 침묵으로 서 있으라 하신 것일까

저 분이 정말 모르고 계실까
사리 친견한답시고 속 것들이 몰려
입이며 가슴과 아랫도리를 더듬고
갈라진 발등을 밟고서 농을 걸 때
언젠가 발목 빼어 몰래 달아나 버릴 것을

저 분은 알고 계신 것일까
벌레들 구멍 뚫은 몸뚱이에 방충페인트 발라
숨도 쉬지 못하게 미라로 세워두고
한여름 적광전 어간으로 쏟아붓는
삼복 뙤약볕 뒤집어쓰며 땀 흘릴 때
기어코 가고야 말겠다는 것을

그래서 연등 줄로 꽁꽁 묶고 못질하여
사계절을 고스란히 지켜보고 계신 것일까

얼어붙은 주춧돌보다 땅속이 따뜻하여
뿌리 넓게 풀어 햇빛 맞고 싶다는 걸
저 분은 정말 모르고 계시는 것일까
그래서 이제 안심하여 실눈 감고
못 본 체 편히 앉아 계시는 것일까

적멸 속으로

아래 세계의 부처들 버리고
벌레처럼 기어
석존의 치아사리가 있다는
봉정암을 오르고 있다

땀이 천지에 부서지고
몸은 옥개석으로 무거워
마음속 먼지 털어내려 앉아
막힌 숨길 트고 있는데
어린 줄다람쥐 한 마리
가릴 것 없이 다가와
한참을 기웃거리더니
사리 두 과 깜박이며
걸어 나온 숲으로 사라진다

그때 설악이 고함으로
나무와 계곡을 흔들고
용아장성의 날 세운 이빨들이
부딪히며 으르렁대는데

바위에 매달린 암자는
말없이 봉우리들을 껴안아
대청의 하늘보다 푸른
입정에 들어 있다

업業

계곡 물이 차갑다
예불 마친 스님들
이불을 담장에 널고
이른 햇살을 맞고 있다

굳은 무릎 펼치려
뒤꿈치 들어 키질하는데
단단한 매듭이 칡뿌리로 얽혀있다

산문이 열리고 동자승 다가와
대지팡이 몇 자루 쏟아 놓으니
스님들 급히 집어 들어
법고 치듯 이불을 패댄다

몇 날이 고여 굵어진 석불의 눈썹
풍경은 공중에 멈추어 떠 있고
스님들 입에서 쏟아지는 흰 새들
날개 무거워 도량에 앉아있다

회향[1]

겨울 운동장을 달리다가 보았다
반짝이며 떠 있는 한 올 거미줄을
어떤 메시지를 전하려는 듯
자유롭게 운동하며 내려오더니
바람을 타고 공중으로 사라졌다

얼마 전 까닭없이 쓸어 내버린
손바닥 크기의 거미줄이 생각났다
창틀에 팔각으로 매달려있던 그 줄이
지상으로 다시 내려온 것일까
막힌 듯 뚫린 항문에서 빚어낸
생명의 인연을 끊어버린 죄스러움이
뛰던 발을 머뭇거리게 하던 순간
치어로 풀려 돌아온 연어들에게
무자비한 치도곤을 안겼던
가을 남대천의 축제가 떠올랐다

살아있는 것은 반드시 돌아온다는
자명한 순리를 버리어 덫을 놓고

미물의 숨소리조차 끊어 놓는
비정함과 어리석은 야만을 전하려
이 줄은 광년의 속도로 찰나를 지나
몇 겁의 과거에 내가 씻지 못한 업을
다시 되돌려 주려고 온 것이리라

우주의 오방五方에는 알 수 없는 무명과
소멸하지 않는 질량이 존재하며
식識이 경계의 형태로서 현현하여
돌아 제자리를 찾는 운동장의 원처럼
최고선정에 이르게 하는 방편이 있으니

조용한 들판에 몇 송이 꽃을 달고 있는
야생화 곁에 한참을 쪼그려 앉아있었다
줄기 사이로 끊어질 듯 걸려있는
방사형 거미줄을 보면서

1. 廻向: 자기가 닦은 선근 공덕을 다른 중생에게 돌리는 것

포살[1]

데바닷타 내 형제여[2]
카필라 왕의 아들, 나 고타마는
서른 길 높은 궁성을 넘어
달빛 밝은 아노마 강변에서[3]
색 대님 두른 머리를 풀어
삭도로 잘라 여섯 해 설산[4]
그 칼을 쥐었던 오른손을 꽂고[5]
마왕의 무릎을 꺾었으니
욕계 육천에 올라 십팔 색계를 여의고
무색 멸진정을 얻었던 것인가[6]

항하를[7] 건너 차안을 버리었고
병에 맞는 약을 지어
너희 바라문들을 피안에 이르게 하여
일곱 번의 낳고 죽는 고통을 벗고
한 번의 생사로 해탈을 얻음에
번뇌는 사라졌다
이제는 다시 태어나는 일이 없으니
이를 번뇌의 끝이라 부른다 라고 하며[8]

무상열반에 들었던 것일까

데바닷타 내 형제여
용서해다오 왕자 싯다르타를

열반의 문을 네게만 걸어 잠그고
그대가 다섯 번 깨어버린
화신의 다르마를 응징하고자 함을 [9]
네란자라 여인을 물리치지 않았음을 [10]
길상초에 앉아 몰려오는 욕기를 [11]
쉬이 내치지 않았음을
이발사 똥치기 사내와 창녀의 귀의가 [12]
애오라지 내 가르침의 종지였음을
사카족을 멸했던 어리석은 태자가 [13]
불 속에 주검으로 버려짐을 알고 있었음을
맨드리 고운 태자들을 삭발하였음을 [14]
그리하여 앙굴리마라까지 곁에 둔 것을 [15]
삼매에 들어 돌에 맞아 죽은 목련존자와
사리불 입멸에 흘린 내 눈물을
적멸의 순간 절연히 거두지 못하고
가섭에게 내보였던 속세의 두 발로
이곳 정토를 밟으며 걷고 있음을

너희 죽음 뒤에 왔던 생을 보며
번뇌를 다 하여 해탈을 얻고[16]
그 지혜로 이미 나고 죽는 일과
죽어 다시 나는 일이 없으리라는
성급한 회향을 욕망 앞에 두었음을
이들이 내 유훈의 방일이 되었음을[17]

용서해다오 형제들이여
법신의 거울 앞에 엎드려
법화의 칼날 같은 비를 맞고 있으니
천이백오십 나의 아라한들이여
염라의 업경에 나를 비추어[18]
화택의 불덩어리를 받고 있으니

내 어찌 금강의 경으로 말했던가[19]
헤아릴 수 없는 일체중생의 제도가
네 개의 상에 잡혀 쓸모없었음을
가리왕의 할절신체와 절절지해가[20]
무상의 인욕으로 원망을 이겼음을

용서해다오
내 법은 꿈이요 환영이고

물거품이자 그림자이며

이슬과 번개 같으니

형제들이여

나의 아라한들이여

1. 布薩: 한 달에 두 차례 지은 죄를 참회하여 선을 기르는 수행법(修行法).

2. 데바닷타: 석가의 출가 전 종제(從弟)로 후에 석가를 살해하려는 등 다섯 가지의 악행을 저지름.

3. Arnoma 강: 고타마가 삭발을 한 곳.

4. 여섯 해 설산: 출가 후 6년의 고행.

5. 오른손을 꽂고: 부처의 수인(手印)중 하나로 마왕 파순을 물리친 항마촉지인(降魔觸地印).

6. 불교의 우주관으로 욕계(欲界) 6천, 색계(色界) 18천, 무색계(無色界) 4천 등 28천(天)으로 이루어짐. 멸진정(滅盡定)은 선정(禪定)의 최고단계로 멸진처정(滅盡處定)이라고도 하며 무소유처정(無所有處定)인 비상비비상처(非想非非想處)를 뜻함.

7. 恒河: 인도의 갠지스 강.

8. 번뇌의 끝이라 부른다: 성도(成道) 후 7곳에서 7일씩 49일 동안 정(定)에 들어감.

9. dharma: 법(法).

10. 네란자라 여인: 6년 고행 후 지친 몸을 네란자라 강에서 씻고 수자타라는 여인의 우유 죽공양을 받음.

11. 吉祥草: 보리수 아래의 금강보좌라고도 하며 이곳에서 '바른 깨달음을 이루기 전에는 이 자리에서 일어서지 않으리라"(不成正覺 不起此起)라고 말함.

12. 이발사 똥치기 사내와 창녀: 카스트제도의 수드라에 속하는 우팔리(부처의 10대 제자 중 한 사람), 니이다이와 암파바리를 말함.

13. 어리석은 태자: 사위국 파사익왕의 아들 비유리를 말함. 후에 석가 족을 멸하나 부처의 예언대로 7일 후 불에 타 죽음.

14. 태자들: 성도 후 카필라국으로 돌아온 셋째 날 부처는 선왕의 설득에 실패한 후 이모의 아들인 태자 난타를 강제로 출가시키고 태자 라훌라 역시 사리불로 하여금 출가하게 함. 이후 부모의 승낙 없이는 출가를 금하게 했음.

15. Angulimala: 코살라국 사람으로 유혹에 빠져 자신의 어머니를 포함 100명의 손가락을 잘라 목걸이를 만들려 함. 후에 비구가 됨.

16. 번뇌를 다 하여: 삼학(三學: 戒,定,慧)의 설법에서 나온 말.

17. 遺訓의 放逸: 부처의 유훈(遺訓) "自燈明 法燈明 自歸依 法歸依 諸行無常 以戒爲師 不放逸 精進" (자신과 법을 등불로 삼고 의지하라. 모든 것은 무상하니 계(율)를 스승으로 삼아 게으르지 말고 정진하라)

18. 염라의 업경(業鏡): 염라대왕이 가지고 있는 거울. 생전의 선악이 그대로 비친다고 함.

19. 금강경 제3분, 14분, 32분에서 차용.

20. 割截身體 節節支解: 온 몸을 베고 마디마디를 갈라놓음.

노을은 반야(般若)로 빛나고

임규정(철학자. 군산대 교수)

전창옥의 시들을 읽어보면 일반인이나 학생들도 언어의 향연에 녹아들어 저절로 시인이 될 것 같다는 느낌이 든다. 이 시들을 논리적으로 서술하기 시작하면 아마 몇 권에 해당하는 철학적 저술이 될 것이다. 시가 철학보다 더 좋을 때가 있다는 건 나만의 생각일까? 그가 긴 문장을 싫어하는 이유를 알게 되었다.

시인의 언어는 균형이 있고 간결하다. 어떤 문체로도 변화가 자유자재하다. 시인이 농축한 의미는 독자에 따라 무한한 상상력을 발휘하게 한다. 비유와 상징으로 묘사하는 실상(實相)은 독자를 현장으로, 또 그 이상의 경지로 실감 나게 인도한다. 간접체험을 직접체험으로 바꾸는 마력을 갖고 있어서 그렇다. 자연의 소소한 사물을 그의 내면으로 이끌고 내면의 다양한 심상을 자연으로 드러내는 방법이 탁월하다. 어떤 명상서적을 읽는 것보다도 더 효율적이다. 은유적이지만 시인의 숨기고 싶은 욕망도 무심히 그려낸다. 인간의 부조리를 드러내고 도인(道人)의 방망이로 두들긴다. 진지하면서도 활달하여 예상을 뒤엎는 해학과 풍자도 튀어나온다.

연륜이 말해주듯 우주와 인생에 대한 뛰어난 통찰력을 보여준다. 시를 대하면 마치 태고에 앉아 있는 것 같은 느낌이고 우주 끝까지 가보는 듯하다. 아예 우주를 손바닥에 올려놓고 희롱하기까지도 한다. 작가의 치열한 구도여정이 없으면 도저히 나올 수 없는 언어들이다. 이러한 능력은 독자에게 무한한 창조성을 발휘하게 한다. 창조적 사유의 가장 근원적인 동력은 모순과 역설을 뛰어넘는 데 있다. 선악을 벗어나고 유무를 넘어서 적절한 긴장과 느긋한 평화가 공존한다. 시인의 눈은 예리하다. 나락 한 알 속에서 우주를 보는 마음이 곳곳에서 빛을 발한다. 세속에 있으면서도 세속을 넘어서고 우주와 하나 되면서도 우주에 머물지 않는다. 무아(無我)와 무상(無常)의 도리에 철저하기 때문이다.

어떤 문화나 어떤 역사적 현장을 마주쳐도 장애물이 없다. 여행 도중 각종 문화유적들을 보고 당대의 실상을 비판적으로 되살려내는 능력이 탁월하다. 역사와 문화에 대한 내공이 없이는 불가능한 일이다. 그에게는 죽은 사물조차

시어를 통해 펄펄 살아 꿈틀거린다. 시인의 감수성은 가족에 대한 사랑, 서민들의 고통과 애환에 절절한 동체의식으로 드러난다. 아픔을 간직하고 있는 사람들 자체가 되어버린다. 아니, 죽은 자의 입장에서 오히려 산 자들을 위로하는 대반전까지도 있다. 눈물이 절로 나는 감동을 받았다. 독재와 탐관오리에 대한 질타도 생명에 대한 사랑이 넘쳐나기 때문이다. 그 범위는 동식물, 심지어 무생물까지 확장된다. 하찮은 사물도 우주의 꽃으로 볼 줄 아는 시인의 안목이 부러울 따름이다.

시인은 '내 법도 환영에 불과하다'는 붓다의 말을 빌린다. 이는 자신의 언어에서조차 해방을 기도한다는 의미다. 이런 깨달음이 있기에 세속의 알량한 글쟁이들을 믿지 않는 것 같기도 하다. 이제 '말없는 말'을 건네는 그와 밤새도록 '말없는 말'을 나누고 싶다.

맑은 영혼으로 빚어낸 시

전영천(이학박사. ㈜다오 코리아 대표이사)

나는 전창옥이란 사람을 누구보다도 잘 안다.

그는 평소에 형제처럼, 때로는 애인처럼 안보면 보고 싶어지는 묘한 매력이 있는 사람이다. 그와 함께한 삼십 여년의 세월을 반추해 보면 산과 음악을 좋아하는 취향이 같았고 가끔 뚝배기 사발에 추억을 듬뿍 담아온 사이였다. 자기의 철학과 주관이 뚜렷하고 불의를 외면하지 않는 성격으로 쉽게 접근이 어려울 것 같아도 정과 감성이 넘쳐 눈물이 되어 흐를 때는 정작 때 묻지 않은 소년 같았다.

칠 년 전, 나는 같이 있던 근무지를 떠나면서 그에게서 잊을 수 없는 감동과 큰 선물을 받았다. 자청해서 송별사를 하면서 어찌나 슬프게 흐느끼는지 마치 어릴 적에 친한 친구를 도시로 전학 보내던 옛 장면을 떠올리게 하였다. 떠나는 사람보다 보내는 사람의 마음이 더 아프다는 것을 모를 리 없었지만 그렇게 자신에게 솔직하고, 용기 있고, 진솔한 그런 사람은 흔치 않을 것이다. 많은 제자가 따르고 나도 그에게 매료되어 있는 이유가 분명히 있었다.

생활 속에서 항상 시처럼 살아온 그가 한권의 책으로 묶어 내놓기까지는 나의 소망도 함께였음을 믿어 의심치 않는다.

장수의 적막한 시골 초가지붕 끝자락 낙숫물 소리에서 발원된 맑은 영혼의 시가 많은 사람에게 전해져 심신의 자유가 더욱 맑게 정화되기를 기원해본다.

아름다운 삶의 향기가 봄바람을 타고 스며든다.

꽃비로 내리는 선생의 시를 줍다

임백령(시인)

1. 당신을 만나던 날

오랜 시절의 친구였던 천상 시인 문정(희)을 따라 주왕산, 오대산, 태백산을 다니다 친구와 같은 전주 우석고에 재직하고 있고 나의 고교 선배라는 사람을 알게 된다. 그는 진짜 '살아있는 사람' 이다. 만난 이로 하여금 그를 그리워하게 만드는 묘한 분위기가 있다. 어느 산 능선을 넘다 함께 쉬었을 자리에서 그를 본존불로 모시고 그 옆에 보살로 서서 바위에 새겨진 삼존불상으로 굳어지고 싶은 순간이 있었다. 그가 '전창옥' 선생이시다.

문정(희)이 먼저 바위 속으로 들어가 버린 뒤 나는 전창옥 선생을 석가로 모시기로 했다. 먼 곳에서 나를 내려다보고 있을 거라고 여기며 선생이 던지는 생각이 무엇인지를 나는 멀리서 열심히 헤아리곤 했다. 때론 저 사람이 무엇이기에 나를 휘어잡고 있는 거지? 선생의 실체가 아무것도 아닐 거라며 범상한 모습이 드러날 순간을 낚아채기 위해 선생을 모신 법열의 닫힌 문을 열면 선생은 항상 술에 잔뜩 취해 있기 일쑤였다. 술에 취한 부처는 자비와 지혜의 독한 향기를 뿜어낸다.

2. 자비롭고 자비롭도다

명망 있는 사람으로부터 찬사의 글을 받아야 하는데, 이 글을 쓰려 하니 주제넘은 것 같아 며칠간을 망설였다. '이름 있는 출판사 시선(詩選)에도 한 자리 차지하여 시집을 내지 그럽니까?', '야이 사람아, 나 하나 책 한 권 더 얹어 어지럽혀서 무슨 의미가 있는가?'.

이제야 소박한 등단을 한 제가 염치불구하고 선생의 시를 들여다본다. 선생의 작품은 읽으면 읽을수록 미처 잡히지 않았던 이미지가 선명해지고 깊이가 더해짐을 느꼈다. 그래서 한두 번이 아니라 여러 번 음미해야 한 작품을 얻게 된다. 그만큼 읽는 사람들의 선입견과 기존 시에 젖은 눈을 질타하는 시작(詩作)이라고 할 것이다.

아버지 가신 밤

거지들 모여 울었다.

-「동짓달 스무이튿날」 전문

그의 자비심이 집안 내력일 것 같다는 생각을 하게 하는 짧은 시다. 거지들에게 베풀었을 일생의 따뜻한 인정이 거지들에게 밥사발이나 술을 얻어먹을 수 있는 잔치판이 아닌 진짜 슬픔의 현장을 만들어 버릴 정도였으니 그 아드님인 선생이 나를 비롯한 주위 사람들을 끌어들이는 이유는 보이지 않는 자비심일 것이다. 그의 슬픔은 나이를 먹지 않는 것 같다. 의식하지 않는 감정이요, 밖으로 드러나지 않는 내적 순수이다. 돌아가신 아버지 어머니 누이동생을 향한 마음들은 그의 내면을 파악할 수 있는 편린들이다. 「꽃기린」 속에는 식물 '꽃기린'에서 '빨간 다섯 뿔이 단정한 기린 한 마리'를 떠올리며 가족을 위해 희생하고 떠난 어머니를 겹쳐 미학적으로 아름답게 형상화한다. 다음의 「누이를 두고」는 시공을 초월하여 피붙이로서의 아픔이 절절하게 다가온다.

구름싸인 연화봉 중턱에 너를 두고/저녁 비 쏟아지는 저문 산길 내려간다/탁한 계곡 물 급히 불어 사납고/들판의 벼이삭들 물안개로 무거운데/계절마다 드나들던 시댁 울타리 곁/미수의 어머니 손잡고 놓지 않네/삼일 장맛비는 끊지 못한 인연으로/두 아들 어깨 위로 모질게 내리는데/유골단지 온기 남은 손가락 비벼대며/멀리 버린 널 고개 돌려 다시 본다

가장 빨리 우는 이가 있을 테지만 그는 가장 길게 운다. 술을 먹고 우는 이가 있다지만 그는 멀쩡한 정신으로 술 취한 것처럼 운다. 그렇게 슬퍼하는 이가 있기에 우리 세상의 아픔은 그래도 이만큼 정화되는 것은 아닌가 하는 생각이 든다.

선생의 작품 중 불교신문 신춘문예 최종심에서 고은 시인께서 언급했다는 「반야용선」을 보면 선생은 그 누구의 죽음도 다 보듬고 있다는 생각이 든다. 그 사람들은 그토록 사랑했던 시인 문정(희)일 수도 있고 투병했던 아내일 수도 있다. 죽은 사람에 대한 애도뿐만이 아니라 죽음 가까이까지 가 있는 지경의 산 사람들을 죽음의 저편으로 가지 못하게 막으려는 애절한 목소리를 느끼게 한다.

보제루 사월의 계단
어깨 버리고
내 사람 가네
소슬비 쓸고 간 바람
벚꽃잎 배를 띄워

물결 따라 젓는 손
한 계단 더 올라
붙잡는 그림자는
내 사랑의 신기루

기운 탑에 기대는 노을
부챗살 머리 풀면
마음은 목어

저녁연기 잿빛 수의로
홀로선 석등을 휘감고
낮은 풍령 소리

절집 사월의 계단
어깨 버리고
내 사람 가네

선생이 현실과 시 속의 술집에서 홀로 잔을 비우는 일이 많았던 것을 이제야 알 것 같다. 당신의 술잔을 떠올리는 나의 잔에도 당신의 아픔을 나누어 주시는 보시를 행하시길….

3. 사바를 어지럽히는 것들에 대한 분노

그가 사랑하는 사람들이 살고 있는 현실세계는 불행하게도 사바의 바닥이다. 항상 끊임없는 고통의 연속이어서 그 속에 살고 있는 이들의 고뇌는 항상 그의 몫이다. 그래서인지 선생은 개인적으로 만날 때마다 마음 안을 이야기하는 시간보다 바깥 세상 문제에 대해 더 많은 시간을 할애하곤 한다. 세상의 부조리와 불의를 제대로 인지하는 못하는 우리는 그런 점에서 모두 장님일 것이다.

눈을 뜨고/바람에 벼리는 눈을 보아라/그 속에 볼 수 없던/지워진 눈들이 있으리니/감았던 눈을 떠/망막에 쏟아지는 눈을 보아라

흔들리는 껍데기 속 혼들아/청춘의 그림자로 쫓겨가는/뒷골목 웃음들아/부신 훈장의 의복들과/버둥대는 지하의 물풀들아/그리하여/시인 광규의 도다리를 먹는 자들아

너희 눈으로/지팡이 자국 속에 갇혀/까맣게 얼어 잊히는/저 백색의 이름들을 불러보아라

닳아가는 지느러미가 버리는 눈의 비늘/그 흔적 위에 쌓여가

는/저 백색의 아우성을 들어 보아라

-「장님의 눈」 일부

'장님의 눈'을 바로보이기 위해 그는 현실에 대한 목소리를 높인다. 시 속보다는 사실 선생을 만날 때의 목소리가 더 현장감 있고 치열했었다. 어느 때는 현실의 부정을 참지 못하고 나에게 전화를 여러 번 해와 해결책을 모색하려는 선생의 집념에 감탄한 적도 있다.「여름, 1980」,「유세차 을유년 십일월 이십삼일」,「광화문 종이배」,「오늘의 세계소식은」,「축제」,「신오적」등이 선생의 성향이 드러난 예인데, 앞으로의 시작 활동에서 사바를 지키려는 선생의 열정이 더 많은 현실참여와 현실방어의 작품으로 승화되기를 기대한다.

동해의 게야/기어서 나오라//검은 파도 뚫고/기어서 나오라/게야//네 두려움이/바다 속 어둠이고/네 목마름이/한낮의 백사라면//저 높은 설악 넘어/광화의 큰 문으로/게야/기어서 가자

-「여름, 1980」 전문

4. 상상력의 확장과 절제된 표현

생명력의 발현을 노래한 「개화」라는 작품은 선생의 호방

한 성격이 드러나 있으면서도 거침없는 생명의식의 고양이 상상력의 폭을 함께 넓히고 있다는 생각이 든다.

서럽더냐 나비들아/고치 속 반년의 벙어리 세월/천둥에 떨고 서리에 놀라/봄의 문밖 장승으로 서 있었더냐

초경 앓는 나비들아/지난 겨울 내린 포슬눈이/어미 찾던 더듬이를 덮어/그믐 밤길 장님만큼 슬펐더냐

그리하면 이제 울어라/목젖에 드리운 덧문을 거두어/새벽 인경각 북소리 맑으니

터지는 입술/그림자로 서 있던 소녀들아/살찐 옷고름 풀어버리고/공작의 젖가슴을 열어라

소름이 칼날로 서 있는/이 섬뜩한 봄날/알몸같이 사내들을 위해/붉은 춘향아/옥문의 빗장을 열어라

연이어 실린 작품 「우륵의 첩」도 고아한 상상력으로 아름다운 시세계를 창출했고, 「열두 줄의 진혼곡」, 「폼페이 최후의 밤」, 「로마의 비밀」도 낯선 이미지에 맞닥뜨리는 체험을 하게 한다. 이러한 상상력이 한껏 자유를 얻고 있는 부분으

로 마지막 불교에 관한 시에서 더욱 빛을 발한다. 이승과 저승의 경계가 없어지고 세속과 열반의 세계가 연결되기도 하고 우주 삼라만상이 하나가 되는 법열의 정신세계로 우리를 안내한다.

석양이 구름 사이로/홍자 빛 화살을 뿌려놓고/자운영 가득한 들을 떠나면/하늘은 별이 가득한 술상/우주는 손안에 찰랑대는/작은 술잔 속의 섬/손톱만 한 배로 떠있다

-「만행」 일부

백겁 빙벽 속 나비가 깨어나고/싹은 씨앗을 벗어 꽃으로 폈다//어둠의 허물은 천의를 입어/온 새벽은 대지가 되고/빛은 바다로 흘러갔다//그날 나비는 삼매의 기쁨을/부리에 물고 차안을 넘어/미타의 품으로 날아갔다

-「개벽」 전문

다음처럼 시작하는 「대적광전 기둥」은 신앙시 같으면서도 '붙들림'과 '달아남'의 변증법적 미학을 거쳐 숭앙의 태도를 더욱 견고히 하는 불교적 아름다움을 창출해낸다.

비로자나불은 알고 계셨을까/내가 오대산 전나무밭에 몸 박고 서 있다가/때 오면 저잣거리 주막 기둥으로 가버릴 것을/그래

서 주춧돌 위에 꼼짝 못하게 세워놓고/법당 안 당신의 수인에 종일 눈길 꽂고서/천년 침묵으로 서 있으라 하신 것일까

사실 상상력을 확장시킨다는 것을 보이지 않는 새로운 것을 만들어내는 것으로만 생각하기 쉽다. 그러나 응당 생각하고 깨닫고 살펴야 할 눈을 가지지 못할 때 그것을 보여주는 것도 상상력의 긴장을 가져오게 만든다. '하이마트 겨울 벼락세일 사흘 동안/매일 일등으로 줄 서서/이불 석 장을 사온 건데/(한 사람당 한 개씩만 팔았으니)/그 시간에 더 놀랐어/새벽 다섯 시 이십 분/첫 마을버스를 탔던 거야/…/핏덩이 새끼 흑염소 살려보자고' 라는 시구를 통해 진짜 고행의 의미를 일깨워준다. 선생은 불교에 귀의한 몸이고 더러 법복을 걸치고 있는 모습을 볼 수 있는데, 무엇이 진정한 가치인지를 이런 시를 통해 쉽게 보여주는 것이다.

선생은 한때 형용사가 들어가는 시를 경원시했다고 한다. 우리한테도 조금만 서술성이 있으면 소설 쓰라고 자극을 주신다. 그만큼 간결한 이미지로 존재를 형상화해 내려는 시학을 가졌음을 1부를 중심으로 많은 시편들에서 엿볼 수 있다.

단정한 직선이 비루하여/사선의 종소리로/천지에 꽂혀 울린다(「폭설」)

허기가 설탕처럼 녹는 저녁/질그릇 속 설익은 반달과/푸른 부

각을 사각거리는 별들이/제 무게로 고여 있는 권태와/도가니 밖으로 쏟아지는 어둠이/그 밑에 입을 벌린 장승들과/함께 우물 속으로 뛰어드는 저녁(「불꽃놀이」)

해 뜨는 팔달령 망루/웅크린 거인의 등에 솟은/저 굵고 붉은 힘줄(「일출」)

골짜기 곳곳으로 밀려오는/ 파르티잔들의 진격을 보라//폭죽처럼 터지는 포화에/스스로 쓰러지는/녹색 군사들(「단풍에 관하여」)

형광 차가운 관 속/편의점 창가에는 제라늄/말기 암 사내의 음낭처럼/가지에 매달려 있다(「매춘 2」)

천만 년 물 위에 물이 쌓여/화석으로 누워있는 겁의 세계에/내려치는 찰나의 뇌문(「불일폭포」)

한 번 읽고 나면 더 이상 펼쳐들 일이 없는 시집이 있는 반면 보면 볼수록 새로워지는 시집도 있다. 선생의 첫 시집은 물론 후자이다. 천상에 있는 시인 문정(희)이 해야 할 일을 내가 대신하게 되었으니 대리인이라는 명분을 내세워 부담감을 덜 가지고 수박 겉핥기에 그치고 생색만 내고 끝내려는 속내를 눈치채고 말겠지만 선생의 시세계에 잠시 머물며 나의 생각이 살지고 황홀한 삼매경에 빠졌음을 감사히 여긴다. 그리고 선생이 긴 시간 하나씩 써서 보관해 온 옥고를 모아 세상에 선보인 보시를 행함에 대해 축하하고 축하합니다. 앞으로도 좋은 작품으로 우리를 위로하고 일깨우고 세상을 뒤바꾸는 힘이 되어주소서. 저도 이제야 세상에 작품을 하나 내놓고 시인의 첫 걸음을 내디뎠지만 함께 출발하는 당신이 있어 행복합니다.

「탁발」이란 시를 다시 열어보며 이곳을 향해 오는 선생의 발걸음을 헤아려 나는 서쪽으로 갑니다. 오체투지하며 당신이 올 때까지 거칠고 험한 땅에 내 몸이 닿는 자국마다 꽃이 피어나겠습니다. 당신이 자나가는 발걸음에 고인 체취를 포집하여 수정을 이룬 꽃들 뚝뚝 떨어져 저 아래 푸른 강물로 내립니다.

내 안의 피톨들아, 청사초롱 불 밝혀라! 온 세상 모래알들아, 일제히 일어서거라! 바람아, 어서 빨리 마중을 나가거라!

西片門을 나서다

지은이 전창옥
펴낸이 이남호
펴낸곳 전북대학교출판문화원

초판 1쇄 인쇄 2016. 3. 25
초판 1쇄 발행 2016. 3. 31

소리내 전라북도 전주시 완산구 어진길 32 (풍남동2가)
전화 (063) 219-5322
FAX (063) 219-5323
출판등록 2012년 8월 20일 제465-2012-000021호

값 9,000원

ISBN 978-89-98534-84-4 03810

이 도서의 국립중앙도서관 출판예정도서목록(CIP)은 서지정보유통지원시스템 홈페이지(http://seoji.nl.go.kr)와 국가자료공동목록시스템(http://www.nl.go.kr/kolisnet)에서 이용하실 수 있습니다. (CIP제어번호 : CIP2016006724)